Briefe aus der Bärenwelt

Eva und Ivan Steiger

Briefe aus der Bärenwelt

PRESTEL

MÜNCHEN · BERLIN · LONDON · NEW YORK

Die Deutsche Bibliothek verzeichnet diese Publikation in der Deutschen Nationalbibliografie; detaillierte bibliografische Daten sind im Internet über http://dnb.ddb.de abrufbar.

Prestel Verlag
Königinstraße 9
D-80539 München
Telefon +49 (89) 381709-0
Telefax +49 (89) 381709-35
www.prestel.de
info@prestel.de

Lektorat: Gabriele Ebbecke
Grafische Gestaltung: Václav Kučera
Satz und Repro: TYPO+, Prag
Druck und Bindung: TYPOS a.s., Pilsen
Printed in the Czech Republic

ISBN 3-7913-3351-8

Sie werden es nicht glauben, aber es ist wahr…

Es geschah so: Eines Abends in den siebziger Jahren klopfte es an die Tür meines Schwabinger Ateliers. Ich erinnere mich, dass ich auf dem brütend heißen Dachboden in Unterhemd und kurzer Hose saß und Singers Erzählungen über Dybuks las, die bösen, schadenfreudigen Dämonen und Gespenster, die in den dunklen Winkeln roh gezimmerter Holzhäuser und in den hohlen Baumstämmen galizischer Wälder hausten.

Neugierig schaute ich aus dem Guckloch auf den Gang hinaus. Jenseits der Tür stand weder Dybuk noch sein Schatten. Vorsichtig öffnete ich – und sah mich einem kleinen Boten gegenüber, der von einem Bein aufs andere trat. In der heißen Sommernacht blickte er ehrfürchtig und beinahe flehentlich zu mir auf: Vor mir wiegte sich ein zinnfarbener Teddybär auf seinen zwei Beinen. Eine ausgefranste, einst blaue Schleife verdeckte seinen kurzen runden Hals, betonte aber seine mild blickenden, braunen Augen, die schief über dem abgewetzten Schnäuzchen saßen.

Der Bär stellte sich als Bernd Bärlemann vor. Er verlor keine Zeit und reichte mir ein Bündel beschriebener Blätter, die sich plötzlich öffneten, was mich erschreckte, vermeinte ich im ersten Moment doch, dass es sich um eine Sammlung Gedichte handelte. Teddybär Bernd verriet mir ohne Umschweife, er und seine Frau seien sich darin einig, dass ich als Zeichner und Illustrator ein ausgezeichneter Begleiter für seine gesammelten Briefauszüge, den sogenannten „Stilblüten" sei. Diesen Aus- druck hörte ich zum ersten Mal. Ich stellte mir darunter zunächst feine, rostfarbene, von eisenhaltigem, kalkigen Wasser versteinerte Rosen vor, wie sie in Karlsbad verkauft wurden.

Einerseits brachte ich es nicht fertig, Bernd das Manuskript zurückzugeben, andererseits mochte ich ihm nicht versprechen, dass ich es lesen würde, war ich doch immer noch gefangen in den windigen, geheimnisvollen Kräften der finsteren Nächte ostpolnischer Wüsteneien. Zum Abschied warf er einen Blick auf meine behaarten Beine und sagte, er hoffe, ich wolle sie nicht rasieren – das wäre wirklich zu schade.

Ich kam erst wenig später wieder voll zur Besinnung, als ich meinem Besucher nachschaute und sah, wie er auf dem Bürgersteig der Elisabethstraße in Richtung Nordbad auf einem Fahrrad verschwand. In der Nacht plagten mich verschiedenste Träume über Bären mit großen Glasaugen, gestickten Nasen, Brummstimmen und bedrohlichen Bärentatzen und Krallen.

Ich stand auf, um das Manuskript zu lesen, aber vergeblich. Mir wollte einfach nicht einfallen, wohin ich es gelegt haben könnte. Auch am nächsten Morgen und an den folgenden Tagen waren die Stilblüten wie vom Erdboden verschluckt. Ich hatte kein Finderglück. Bernd Bärlemann meldete sich nicht mehr.

Mit der Zeit gewöhnte ich mich an die Vorstellung, dass sich alles bloß in meiner Phantasie abgespielt habe. Ich vertraute mich meiner Frau an – mit der Folge, dass wir unsere Sammelleidenschaft für alte herrenlose und verlassene Plüschbären entdeckten. Heute ist die Wohnung voll davon, einen Bernd aber haben wir unter ihnen nicht gefunden.

Zwanzig Jahre waren vergangen, als ich plötzlich Bernds Papiere in der Hand hielt. Das Bündel tauchte ebenso unverhofft wie unerklärlich auf, in der gleichen Weise, wie es einstmals verschwunden war. Meine Frau hatte mich gezwungen, im Atelier Ordnung zu schaffen. Als Entschädigung für das Aufräumen habe ich Bernds Manuskript gefunden, dort, wo ich schon so oft gesucht hatte. Ich war sofort von dessen geradezu anmutiger Naivität begeistert. Mir war, als hätte mich Bernd am Tag zuvor besucht.

In der Nacht darauf erhob sich ein geheimnisvoller, dämonischer Wind, der durch unsere Fenster flog und meine geordneten Papiere wieder durcheinander brachte. Nicht aber Bernds Stilblüten. Die landeten geordnet in der Schublade mit den Fotos unserer Teddybären.

Die Idee war somit herbeigezaubert:
Die Bilder der Bären und
die Textsammlung passten zueinander.

Das ist die Geschichte dieses Buches. An seiner Wiege stand ein Zauberwind. Auch Bernd und seine Ehefrau Uta haben wir schließlich gefunden, sie heißen Ellermann und nicht Bärlemann und genießen inzwischen ihre Rente in einer sonnigen Oberföhringer Wohnung. Uta widmet sich dem Malen und Bernd fährt immer noch gern Fahrrad.

I. S.

Ich kann mich an nichts
mehr erinnern etwa (?)
ab 18 Uhr.

Meine Schwiegermutter
lebt noch immer bei
mir, aber gegen Hagel
bin ich versichert.

Seit 2 Jahren
zahle ich einen Risikozuschlag
wegen Haarausfalls. Jetzt habe ich
keine Haare mehr, so können
Sie den Zuschlag
aufheben.

Der Blitz schlug in die Scheune ein. So eingeschlagen hatte es bisher nur ein einziges Mal in unserem Leben: als wir uns verliebten.

WAS DIE KUR ANGEHT, SO BESTÄTIGE ICH IHNEN AUSDRÜCKLICH, DASS ICH NOCH NIE GEBADET HABE.

Meine Frau wurde mit Geldsucht ins Krankenhaus eingeliefert.

Zu Ihrer Information
möchte ich Ihnen mitteilen,
daß der Unfallgegner schon
im Gefängnis war
und verheiratet ist

!

Meine
Mittel und ich sind
beschränkt.

Mit gleicher Post schicke ich Ihnen ein Foto meiner Schwiegermutter zu, mit der Bitte um Weiterbearbeitung.

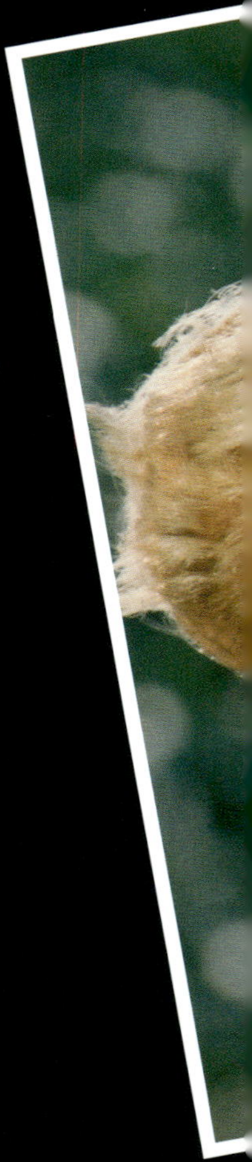

Habe immer noch
Schmerzen in der linken
Brust und im rechten
Oberschenkel.
Und an meiner Fröhlichkeit ist
auch etwas nicht in Ordnung.

...dann aß unser Sohn Mäusegift, worauf er schielte, dies wurde abgelehnt, weil es vor Versicherungsbeginn geschehen war.

Ich bin in eine Sekte eingetreten.
Jetz weiß ich, daß ich ewig leben werde
und kündige daher meine
Lebensversicherung.

Ich wollte Fenster putzen. Damit ich von außen an das Fenster herankommen konnte, legte ich ein Bügelbrett auf die Fensterbank. Mein Mann, der schwerer ist als ich, setzte sich innen auf das Bügel- brett, und ich putzte auf dem Brett stehend das Fenster von außen. Plötzlich klingelte es an der Haustür. Als mein Mann unten öffnete, fand er mich vor dem Eingang liegend. Wir wissen bis heute nicht, wer geklingelt hat.

Kann leider die Rechnung nicht zahlen. Letzte Woche haben wir ein Kind gekriegt und morgen kriegen wir Kohlen.

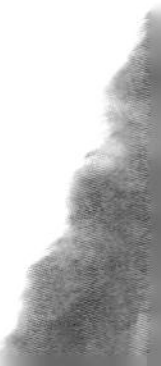

m vom Gehsteig ab,

uchierte einen Porsche

und fuhr ohne mich weiter.

Ich habe gestern abend auf der Heimfahrt
einen Zaun in etwa 20 Meter Länge
umgefahren. Ich wollte Ihnen
den Schaden vorsorglich melden,
bezahlen brauchen Sie nicht, denn
ich bin unerkannt entkommen.

Bin in der Kurve, nicht weit von der Unglücksstelle, ins Schleudern geraten. Während des Schleuderns habe ich wahrscheinlich den entgegenkommenden Mercedes gerammt, der dann die Richtung der totalen Endfahrtphase vermutlich mitbestimmte. Es hatte zeitweise an einigen Stellen geschneit. Die Fahrbahn war dadurch auf einigen Straßen rutschig geworden. Ich wollte den Wagen abbremsen. Ich habe gekämpft, wie ich nur konnte, aber es half nichts. Prallte gegen die Zaunmauer und wurde unbewußt. Aus war es mit meiner Gesinnung.

*In der
Dunkelheit hatte ich
das Loch nicht bemerkt.
Eigentümer ist die
Stadt Köln.*

Es waren keine Tumulte.
Ich gab Benedikt S. zwei Schläge,
und die Freunde haben auch ein
paar dazugegeben. Der Kläger aber
legte sich auf den Boden.
Meiner Meinung nach täuschte er
vor, daß er verprügelt wurde.

Ich habe noch nie Fahrerflucht begangen, im Gegenteil, ich mußte immer weggetragen werden.

Wer mir die Geldbörse gestohlen hat, kann ich nicht sagen, weil aus meiner Verwandtschaft niemand in der Nähe war.

Bisher habe ich noch
keinen Arzt benötigt,
da ich erst kurz
verheiratet bin.

In einer Linkskurve geriet ich ins Schleudern, wobei mein Wagen einen Obststand streifte und ich - behindert durch die wild durcheinanderpurzelnden Bananen, Orangen und Kürbisse - nach dem Umfahren eines Briefkastens auf die andere Straßenseite geriet, dort gegen einen Baum prallte und schließlich - zusammen mit zwei parkenden PKWs - den Hang hinunterrutschte. Danach verlor ich bedauerlicherweise die Herrschaft über mein Auto.

Durch die Heirat mit meiner Frau bin ich zu einer weiteren Sau gekommen, die ich bei Ihnen anmelden will.

Der Unfall passierte so: Ich stand unter einem Apfelbaum und schüttelte Pflaumen herunter…

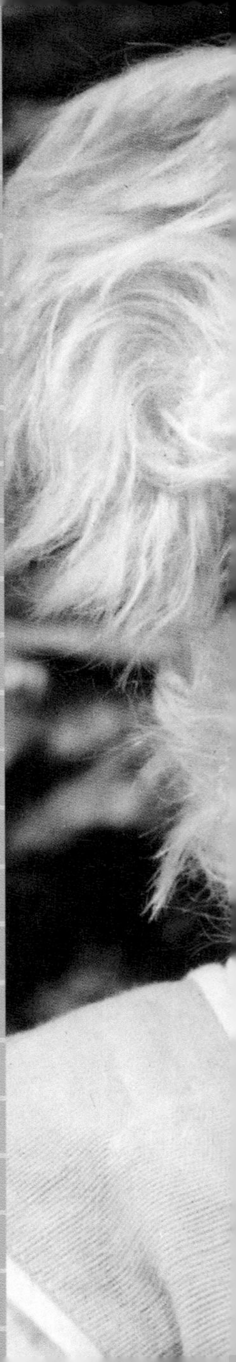

Die Brille muß ich
für meine schwachen
Nerven haben. Sie sind
der einzige Körperteil, mit
dem ich sehen kann.

Die Fahrer bewarfen sich gegenseitig
mit Steinen und verschiedenen Abfällen.
Die Ehefrauen saßen derweil am
Waldrand und strickten.

Da Frau G. zu sehr an der Bordkante stand, streifte ihr Hinterteil meine Fahnenstange und brach ab.

Liebe Versicherung, indem daß ich mitsamt meinem Fahrrad gegen ein Automobil geknallt bin, ist ersteres leider in Eimer. Ich ersuche Sie darum freundlichst, mich kostenfrei zu halten und mir ein Fahrrad, wo 200 Euro kostet, zu bezahlen. Das Auto bezahlt ja die Haftpflichtversicherung, weil es auch ganz demoliert ist. Indem daß mein Fahrrad schon geflickte Reifen und eine vollkommen kaputte Gangschaltung hat, verlange ich höflicherweise nur den Betrag von Euro 80. Davon kaufe ich mir dann ein Kofferradio.

Herzlichst dein Reiner.

Ich sollte an der Bandscheibe operiert werden. Die Schwester schob das Bett mit mir auf den Gang. Da sie noch etwas ver-gessen hatte, lief sie nochmals zurück. Leider vergaß sie, mein Bett zu arretieren. Der Flur war etwas abschüssig, das Bett kam plötzlich in Fahrt, wurde immer schneller. Ich schrie, das Bett fuhr weiter und krachte am Ende des Flurs gegen die Mauer. Zur Verblüffung der Ärzte ist mir der Aufprall gut bekommen. Ich wurde derart zusammengestaucht, daß die Bandscheiben wieder dort saßen, wo sie hingehörten.
Die Operation erwies sich als überflüssig.

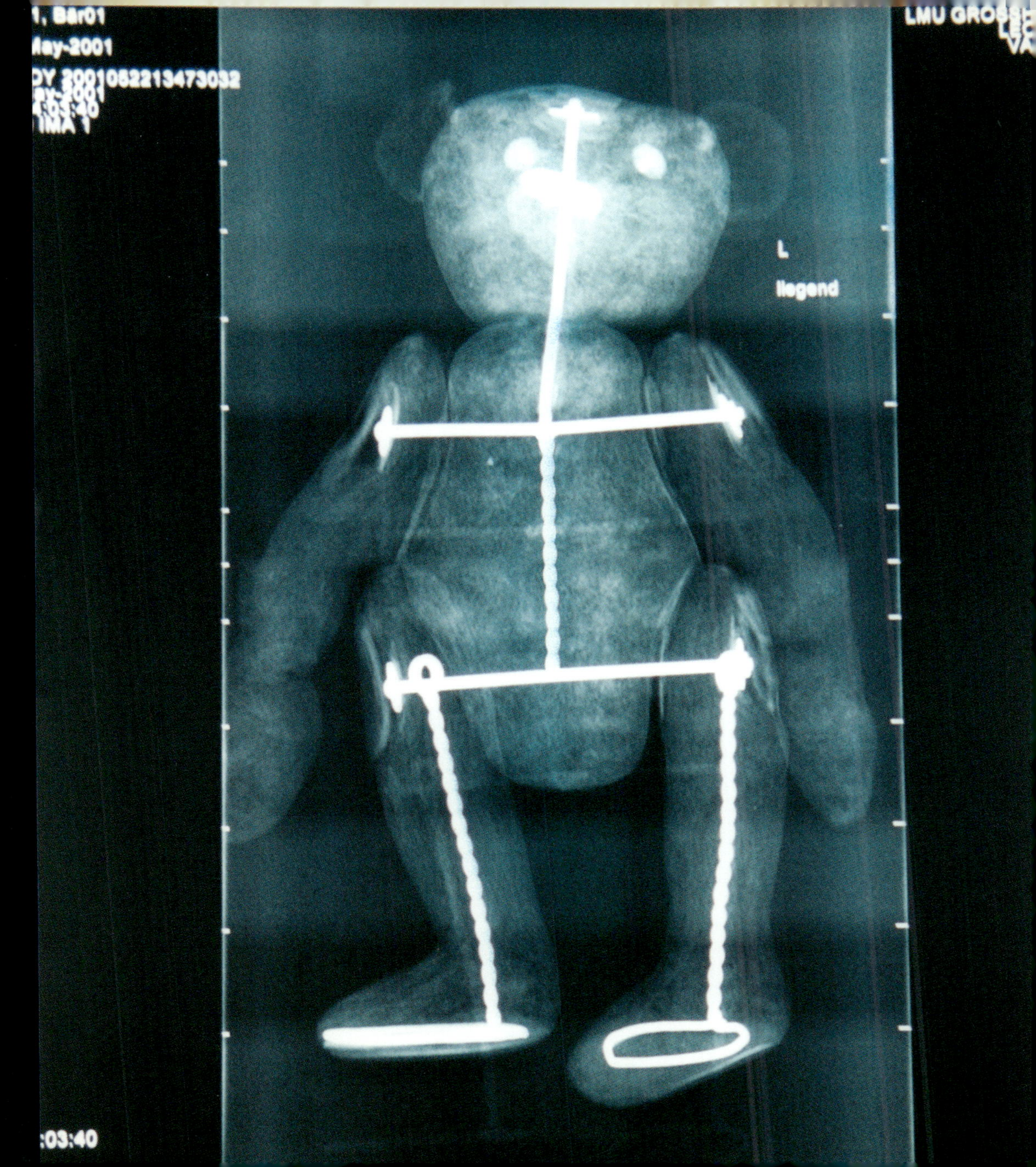
1, Bär01
May-2001
LMU GROSSH
L
liegend
:03:40

■ ■ ■ MEHR BELEGE KANN ICH IHNEN NICHT SCHICKEN.

ICH HABE NICHT ALLE BEISAMMEN.

Frau F., die in meiner Firma arbeitet, ging vom Lager ins Büro. Unser Hund hat sich wohl erschreckt und Frau F. gezwickt. Nach zwei Tagen bat ich sie, mir die Stelle zu zeigen. Daraufhin: Kittel, Rock und Unterrock hoch, Hüfthalter runter, Schlüpfer gelüpft und unter all diesen Sachen war eine ganz kleine Druckstelle zu sehen. Alle meine Angestellten haben davon Kenntnis genommen.

*Ich, Alma W., bin sehr froh,
daß ich für meinen Mann eine
Lebensversicherung abgeschlossen
habe. Wenn ihm etwas passiert,
habe ich doch Geld, um etwas
zu unternehmen.*

Unser Nachbar wurde noch nie beim Diebstahl erwischt. Man weiß es nur…

Ich brauche keine Lebensversicherung.
Ich möchte, daß alle richtig traurig sind, wenn ich einmal sterbe!

Heute schreibe ich zum
ersten und letzten Mal!
Wenn Sie dann nicht
antworten, schreibe ich
gleich wieder!